Expressbacken

AUTORINNEN: KAROLA WIEDEMANN UND MARTINA KIEL | FOTOS: JÖRN RYNIO

Praxistipps

Umschlagklappe hinten:
Expresskuchen ohne Ofen
Expressdeko
Becher und Löffel ersetzen die Waage

Extra

Umschlagklappe vorne:
Die 10 GU-Erfolgstipps – mit Gelinggarantie für
den schnellen Back-Genuss.

Rezepte

So geht Backen express-schnell

Um schnell zu backen, muss man nicht zu Fertigbackmischungen greifen. Mit dem richtigen Rezept, wenigen Zutaten und unseren vielseitigen Express-Teigen geht das Backen und Aufräumen blitzschnell und einfach.

Wenige Zutaten Expressbacken beginnt bei den Zutaten. Lange Listen mit ausgefallenen oder schwer erhältlichen Zutaten sind tabu. Die Zutatenlisten sind deshalb kurz und enthalten Mengenangaben, die meist den gängigen Packungsgrößen entsprechen. Das spart Wiegen und Messen und es gibt keine Reste, die noch aufbewahrt werden müssen.

Außerdem vermeiden wir Zutaten, die eine zeitaufwendige Vorbereitung erfordern. Wenige große Äpfel (oder Zwiebeln) sind schneller verarbeitet als viele kleine Früchte. Greifen Sie auf TK-Früchte oder Dosenobst zurück.

Das A und O ist der Vorrat Wer schnell backen will, sollte sich einen Grundvorrat anlegen (vgl. S. 8). Wenn dieser Vorrat regelmäßig überprüft und aufgefüllt wird, kann man die meisten Rezepte dieses Buchs spontan backen. Lediglich bei Eiern sollten Sie auf Frische achten, vor allem, wenn Sie Biskuitteig zubereiten. Falls Sie einmal etwas nicht im Haus haben, finden Sie am Ende der Rezepte Varianten oder Tausch-Tipps, mit denen Sie das Rezept gegebenenfalls abwandeln können.

Bevor es losgeht, lesen Sie sich das Rezept Schritt für Schritt durch. Prüfen sie, welche Temperatur Eier, Butter und Flüssigkeiten haben sollten (s. oben) und stellen Sie sich alle Zutaten, Schüsseln, Küchenhelfer und die Backform bereit. Nichts ist so lästig, wie langes Suchen während der Arbeit.

Die richtige Temperatur der Zutaten Zutaten für Hefe- und Rührteig müssen Zimmertemperatur haben. Rührteig gerinnt sonst leicht und Hefeteig geht nicht auf. Also Fett, Milch und Eier entweder 1–2 Stunden vorher aus dem Kühlschrank nehmen oder notfalls die Butter im vorgeheizten Backofen und die Eier einige Minuten in warmem Wasser (aus dem Wasserhahn) kurz anwärmen. Die Flüssigkeit für Hefeteig muss handwarm (ca. 35°) sein, aber nicht zu heiß!

Die Eier für Biskuit- und Brandteig und der Quark für Quarkölteig sollten bei der Verarbeitung kalt sein. Eischnee und Schlagsahne gelingen nur sicher, wenn Eier und Sahne gekühlt sind. Tortenguss und Stärke immer mit einer kalten Flüssigkeit anrühren, sonst bilden sich Klümpchen.

Backformen und Bleche Das Gebäck gleitet schnell und einfach aus der Form, wenn diese gefettet oder mit Papier ausgelegt wurde. Zum Fetten eignet sich am besten Butter oder Margarine. Wichtig ist nur, dass sie in alle Ecken gelangen muss. Bei Biskuitteig wird nur der Springformboden gefettet, damit der Teig am Rand »klettern« kann. Bei Backformen ohne Antihaftbeschichtung und bei fettarmen, klebrigen Teigen empfiehlt es sich, die Form zusätzlich mit Mehl oder Semmelbrösel auszustreuen. Backpapier, Dauerbackfolie und Papierbackförmchen können das Fetten und Ausstreuen oft ersetzen (vgl. S. 6).

Alles bereitstellen   **Teig in die Form drücken**   **Gestürzter Rührkuchen**

Kurze Backzeit Damit das Gebäck im Ofen schnell durchbackt, sollten Sie zum Expressbacken Schwarzblechformen verwenden. Sie sparen Zeit, wenn Sie den Backofen vorheizen, während Sie den Teig zubereiten. In den Rezepten ist stets angegeben, wann Sie den Ofen vorheizen sollten. Die Temperaturangaben in diesem Buch gelten für Ober- und Unterhitze. Beim Umluftbetrieb können Sie auf das Vorheizen verzichten. Die Temperatur ist stets in Klammern angegeben.

Eine **Garprobe** sollten Sie immer durchführen. Bei Rührteigen stecken Sie dazu einen Holzspieß in die Mitte des Kuchens. Wenn beim Herausziehen Teig daran hängen bleibt, ist der Kuchen noch nicht fertig. Biskuit ist gar, wenn der Teig bei Fingerdruck etwas federt.

Express-Teige Für dieses Buch haben wir Express-Varianten für alle gängigen Teige entwickelt. Für Kleingebäck und pikante Quiches darf es auch einmal fertiger Blätter- oder Yufkateig aus dem Kühlregal sein.

Express-Mürbeteig bereiten wir mit weicher Butter zu. Der Teig lässt sich dadurch schneller kneten und er braucht keine Ruhezeit, weil er nicht wie üblich ausgerollt wird, sondern direkt in die Backform kommt und darin mit der flachen Hand verteilt wird. Das spart Zeit und auch die Arbeitsfläche bleibt sauber.

Express-Quark-Öl-Teig wird mit den Knethaken oder von Hand zusammengeknetet und in die Form gedrückt. Mit einem kleinen Teigroller kann man ihn auf einem großen Blech verteilen.

Express-Rühr- und Biskuitteig bereiten wir mit ganzen Eiern zu. Die Kuchen werden trotzdem herrlich locker und leicht.

Beim **Express-Hefeteig** verzichten wir auf lange Ruhezeiten. Wir benutzen Trockenbackhefe, die mit den trockenen Zutaten gemischt und mit lauwarmem Wasser (oder anderer Flüssigkeit) angerührt wird. Geknetet wird, bis der Teig Blasen wirft. Das Fünf-Minuten-Brot (S. 48) kommt in den kalten Backofen und geht langsam auf, während der Backofen sich erwärmt. Der Hefeteig für die Morgenmantelbrötchen wird abends geknetet und geht über Nacht an einem kühlen Ort. Achtung! Diese Methode klappt nur bei diesen speziellen »leichten« Hefeteigen, die wenig Fett und Ei enthalten.

Expressbacken mit dem richtigen Zubehör

Wer schnell wiegen, rühren, kneten und Torten füllen will, braucht praktische Helfer, mit denen jeder Handgriff sicher und schnell gelingt.

Waage oder Messbecher sind unerlässliche Helfer. Am besten eignet sich eine Digitalwaage mit Zuwiegefunktion, mit der Sie die einzelnen Zutaten zeit- und geschirrsparend direkt in die Rührschüssel wiegen können. Auch Esslöffel, Teelöffel und eine Tasse sollten sie bereithalten.

Ohne Handrührgerät geht nichts. Kuchenteige, Sahne und Cremes lassen sich damit wunderbar rühren oder kneten. Das Handrührgerät ist ideal für kleinere Mengen, die Anschaffung einer Kompakt-Küchenmaschine lohnt sich bei häufigem Backen. Sie rührt und knetet, während Sie die Hände frei haben für den nächsten Arbeitsschritt.

Mit dem Backpinsel lassen sich Backbleche in wenigen Minuten fetten und fertige Kuchen mit Glasuren bestreichen. Pinsel aus Silikon verlieren keine Haare und können in die Spülmaschine. Mit Teigschabern in verschiedenen Breiten holen Sie Teige, Sahne und Cremes komplett aus Schüsseln und Töpfen. Schneebesen in verschiedenen Größen und ein Kochlöffel mit Loch dürfen in keiner Küche fehlen. Beim Backen benötigt man sie zum vorsichtigen Unterheben von Mehl (und trockenen Zutaten) bei Biskuitteig.

Mit dem kleinen Teigroller (mit Beschichtung) können Sie Teig auf dem Backblech in alle Ecken ausrollen. Sie sparen dadurch das Mehlen und Reinigen der Arbeitsfläche. Nur um Teig für Kleingebäck auszurollen, arbeitet man schneller mit einem großen, breiten Wellholz.

Beschichtete Kuchenformen aus Schwarzblech eignen sich am besten zum Expressbacken. Sie leiten die Wärme gleichmäßig und schneller als helle Formen und sorgen dafür, dass sich das Gebäck leicht aus der Form löst. Mit einer Springform mit Rohrboden von 26 cm Ø, einer Kastenform von 30 cm Länge und einem 12er-Muffinsblech können Sie jederzeit durchstarten. Dazu noch eine Gugelhupfform – dann sind Sie komplett ausgestattet. Silikonformen ersparen zwar das Fetten der Form, eignen sich jedoch für flüssigere Teige nur bedingt, da sie leicht in eine Schieflage geraten und sich wegen ihrer Flexibilität schnell verziehen.

Dauerbackfolie (oder Silikonmatte), Backpapier und Papier-Backförmchen ersparen das Fetten und Spülen der Bleche. Dauerbackfolie lässt sich nach dem Backen abwischen und wieder verwenden. Sie ist sehr praktisch beim Backen von Kleingebäck. Wer häufig Biskuitböden backt, kann für die Springform eine Dauerbackfolie zuschneiden und damit auf das Fetten ganz verzichten.

Mit einem Tortenretter (am besten aus Metall) lassen sich Kuchen und Tortenböden leicht und sicher bewegen. Aus Metall sollte auch der Tortenring sein, den man zum Füllen von Sahne-Torten unbedingt braucht. Mit dem dünnen, breiten Metallblatt einer Palette lassen sich Glasuren, Sahne und Cremes auf Kuchenoberflächen glatt verstreichen sowie Kleingebäck und Blechkuchen schnell vom Backblech heben.

Handrührgerät

Kleine Helfer

Kuchenformen

Teigroller, Wellholz

Tortenretter, Tortenring

Backpapier, Backfolie

Grundvorrat für Expressbäcker

Mehl und Speisestärke Zum schnellen Backen eignet sich Weizenmehl Typ 405 sehr gut. Einige Hersteller bieten inzwischen auch Instant-Mehl an, das sich zum Expressbacken besonders gut eignet, weil es in seiner Struktur rieselfähiger (doppelgriffig) ist. Es ist besonders locker und quellfähig und verbindet sich schnell mit den anderen Zutaten. Für feine Sandkuchen und zum Binden von Quark- und Fruchtmassen ist Speisestärke im Vorrat sinnvoll.

Zucker und Puderzucker Feiner Haushaltszucker wird immer benötigt; etwas Eigengeschmack und auch mehr Mineralstoffe liefert Rohrohrzucker. Ein Paket Puderzucker für Cremes, Glasuren und zum Bestäuben sollten Sie ebenfalls bevorraten.

Butter und Eier Mit ihrem feinen Geschmack und ihren guten Backeigenschaften ist Butter das optimale Kuchenfett. Auch Margarine ist möglich, sie hat jedoch einen anderen Geschmack. Bei Eiern auf Frische und Bio-Qualität achten. Die Größe M wurde für alle Rezepte dieses Buchs verwendet.

Den Vorrat an **Backpulver, Trockenhefe, Sahnesteif** und **Instant-Gelatine** regelmäßig kontrollieren. Instant-Gelatine müssen Sie nicht einweichen und erhitzen. Da es verschiedene Produkte gibt, immer nach Packungsanweisung arbeiten.

Vanille-Aroma Der preiswerteste Vanillezucker enthält das künstliche Aroma Vanillin, der schwarz-weiße Vanillezucker hingegen gemahlene Bourbon-Vanilleschoten. Vanillezucker gibt's in kleinen Tütchen bei den Backzutaten und im Gewürzregal in Dosen. Hier finden Sie auch ganze Vanilleschoten in Glasröhrchen. Verwenden Sie das ausgekratzte Mark anstelle von Vanillezucker.

Zitronen-Aroma Kuchen wird häufig mit abgeriebener Zitronenschale aromatisiert. Verwenden Sie dafür ausschließlich Bio-Zitronen. Fertige Zitrus-Aromen enthalten meistens Konservierungs- oder andere Zusatzstoffe. Deshalb am besten selbst einen Vorrat mit Zitronenzucker anlegen. Dazu die abgeriebene Schale auf einem Teller trocknen lassen und in einem kleinen Glas mit Zucker mischen. Auch Zitrusöle aus dem Naturkosthandel sind frei von Zusatzstoffen.

Sahniges Bevorraten Sie Sahne und ihre gesäuerten Verwandten Schmant oder Crème fraîche. Die meisten Produkte sind inzwischen 1–2 Wochen haltbar. Wer längerfristig plant, kann auch auf H-Produke zurückgreifen. Schmant, Crème fraîche und saure Sahne unterscheiden sich vor allem durch ihren unterschiedlich hohen Fettgehalt und sind weitgehend austauschbar. Ebenso kann man Buttermilch im Teig durch Joghurt ersetzen.

Fruchtiges Frisches Obst der Saison ist die erste Wahl für den Sonntagskuchen. Aber schneller und spontaner geht's oft mit konserviertem Obst, zum Beispiel mit Kirschen aus dem Glas, mit Birnen aus der Dose, Beeren aus dem Eisfach oder mit Fruchtaufstrich aus dem Vorrat.

Schokolade und Nüsse Auch schwach entöltes Kakaopulver, fertige Raspelschokolade und Zartbitter-Kuvertüre haben im Backgrundvorrat ihren festen Platz, ebenso wie Haselnüsse und Mandeln, ganz, gehackt, gehobelt und gemahlen.

Mehl und Stärke

Zucker und Puderzucker

Eier und Butter

Die kleinen Tütchen

Vanille-Aroma

Zitronen-Aroma

Sahniges

Fruchtiges

Schokolade und Nüsse

klein & fein

Handlich kleine Gebäck-Teilchen kommen immer gut an – entweder einzeln geformt und gebacken oder aufgeschnitten vom ganzen Blech. So hat mein Mandel-Butterkuchen schon manches große und kleine Fest bereichert.

Mandel-Butterkuchen

Für den Teig
300 g Butter
200 g Zucker
1 Päckchen Vanillezucker
1 Prise Salz
6 Eier
300 g Mehl
1½ TL Backpulver

Für den Belag
1 TL Zimtpulver
2 EL Zucker
100 g gehobelte Mandeln
3 EL Butter
Fett für das Blech

Für 1 Backblech (20 Stück)
🕐 15 Min. Zubereitung | 20 Min. Backen
Pro Stück ca. 270 kcal, 5 g EW, 18 g F, 23 g KH

1 Den Backofen auf 175° vorheizen. Das Blech fetten. Für den Teig Butter, Zucker, Vanillezucker und Salz mit dem Handrührgerät oder der Küchenmaschine schaumig rühren, bis eine weißlich, cremige Masse entsteht. Nach und nach die Eier unterrühren. Das Mehl mit dem Backpulver mischen und kurz unter den Teig rühren. Den Teig auf das vorbereitete Blech streichen.

2 Für den Belag Zimtpulver und Zucker mischen und gleichmäßig auf dem Teig verteilen. Die Mandeln darüberstreuen und die Butter in Flocken daraufgeben. Den Kuchen im heißen Ofen (Mitte, Umluft 160°) ca. 20 Min. backen.

Eierlikör-Napfkuchen

Der Eierlikör macht den Kuchen schön feucht, und so bleibt er lange frisch. Der Alkohol-geschmack verschwindet beim Backen fast vollständig.

5 Eier | 150 g Zucker | 1 Prise Salz | 1 Päckchen Vanillezucker | 250 ml Öl | ½ Bio-Zitrone | 250 ml Eierlikör | 250 g Mehl | 1 Päckchen Backpulver | 100 g geschälte gemahlene Mandeln | Fett für die Form | Puderzucker zum Bestäuben

Für 1 Gugelhupfform von 2 l Inhalt (16 Stück)
⏱ 15 Min. Zubereitung | 50 Min. Backen
Pro Stück ca. 275 kcal, 5 g EW, 15 g F, 21 g KH

1 Die Gugelhupfform fetten. Den Backofen auf 200° vorheizen. Die Eier mit Zucker, Salz, Vanillezucker und Öl in die Rührschüssel geben und mit dem Handrührgerät oder der Küchenmaschine schaumig rühren. Die Zitrone heiß waschen, trocknen und die Schale mit der Zitrusreibe in den Teig reiben. Den Eierlikör dazugeben und unterrühren. Das Mehl mit dem Backpulver und den Mandeln mischen und kurz in den Teig rühren.

2 Den Teig in die Form füllen und den Kuchen im heißen Ofen (Mitte, Umluft 180°) ca. 50 Min. backen. Den Kuchen aus der Form stürzen und nach dem Erkalten mit Puderzucker bestäuben.

VARIANTE MIT SCHOKOLADE

Statt der Mandeln 100 g Schokoraspel oder -tropfen in den Teig geben. Den fertigen Kuchen dann mit Schokoladenkuvertüre überziehen.

TIPP

Statt einer Gugelhupfform können Sie auch eine Kranzform (26 cm Ø) oder eine Kastenform (30 cm Länge) verwenden.

Schokokuchen

250 g weiche Butter | 180 g Zucker | 1 Prise Salz |
1 Päckchen Vanillezucker | 4 Eier | 250 g Mehl |
1 TL Backpulver | 40 g Kakaopulver | 100 ml
Milch | 100 g Raspelschokolade (Fertigprodukt) |
100 g Zartbitter-Kuvertüre | Fett für die Form

Für 1 Kranzform von 26 cm Ø (16 Stück)
⊙ 20 Min. Zubereitung | 50 Min. Backen
Pro Stück ca. 325 kcal, 5 g EW, 21 g F, 30 g KH

1 Die Backform fetten. Butter, Zucker, Salz und
Vanillezucker mit dem Handrührgerät schaumig rühren. Die Eier nach und nach dazugeben und unterrühren, bis eine helle cremige Masse entstanden ist.

2 Den Backofen auf 200° vorheizen. Das Mehl mit
Backpulver und Kakao mischen und zusammen mit
der Milch kurz in den Teig rühren. Zuletzt die Raspelschokolade unterrühren. Den Teig in die Form
geben und ca. 50 Min. backen (Mitte, Umluft 180°).
Die Kuvertüre im Wasserbad schmelzen und den
abgekühlten Kuchen damit überziehen.

Nusskuchen

6 Eier | 125 g Puderzucker | Bittermandelöl (nach
Belieben)| 200 g gemahlene Haselnusskerne |
4 EL Semmelbrösel | 2 EL gehackte Haselnuss-
kerne | Fett und Semmelbrösel für die Form

Für 1 Springform von 26 cm Ø (12 Stück)
⊙ 10 Min. Zubereitung | 25 Min. Backen
Pro Stück ca. 230 kcal, 6 g EW, 17 g F, 14 g KH

1 Den Ofen auf 200° vorheizen. Die Form fetten
und mit Semmelbrösel ausstreuen. Eier und Puderzucker mit dem Handrührgerät oder der Küchenmaschine schaumig rühren. Nach Belieben Bitter-
mandelöl unter den Teig rühren. Gemahlene Nüsse
und Semmelbrösel unterheben.

2 Den Teig in die Form geben. Den Kuchen im heißen Ofen (Mitte, Umluft 180°) ca. 25 Min. backen.
Sofort nach dem Backen die gehackten Nüsse auf
den heißen Kuchen streuen und mit einem Torten-
heber leicht andrücken. Den Kuchen auf ein Kuchengitter setzen und auskühlen lassen.

fürs Picknick

Schoko-Kokos-Muffins

100 g Butter
100 g Frischkäse
140 g Zucker
2 EL Kokosraspel
2 Eier
200 g Joghurt
200 g Mehl
2 TL Backpulver | 2 EL Kakaopulver
12 Papier-Backförmchen
Kokosraspel zum Bestreuen

Für 1 Muffinsblech (12 Stück)
⏲ 15 Min. Zubereitung | 25 Min. Backen
Pro Stück ca. 175 kcal, 3 g EW, 12 g F, 13 g KH

1 Die Butter schmelzen. Für die Füllung den Frischkäse, 1 EL Zucker und die Kokosraspel mit einer
Gabel verrühren. Den Ofen auf 200° vorheizen.

2 Für den Teig Eier, den restlichen Zucker, Joghurt
und flüssige Butter mit dem Handrührgerät verrühren. Das Mehl mit dem Backpulver und dem Kakaopulver mischen und kurz unter den Teig rühren.

3 Die Papierförmchen in das Muffinsblech setzen.
In die Förmchen jeweils 1 EL Teig geben, darauf
jeweils 1 TL von der Füllung. Den restlichen Teig in
den Förmchen verteilen. Die Muffins mit Kokosraspeln bestreuen und im heißen Ofen (Mitte, Umluft
180°) ca. 25 Min. backen.

VARIANTE
Wer Kokos nicht mag, kann die Muffins mit einer
Mischung aus 100 g Frischkäse, 1 EL Zucker, 1 Päckchen
Vanillezucker und der Schale ½ Bio-Zitrone füllen. Fertige
Muffins nach dem Erkalten mit Puderzucker bestäuben.

feinwürzig

Wintermuffins

60 g Butter
150 g Weizen- oder Dinkel-Vollkornmehl
100 g Zucker
2 TL Backpulver
1 Prise Salz
1 TL Zimtpulver
1 Messerspitze gemahlene Nelken
1 großer Apfel (ca. 250 g, z. B. Boskop)
2 große Möhren (ca. 150 g)
2 Eier | 50 ml Milch
½ Zitrone
4 EL Puderzucker
12 Marzipanmöhren (nach Belieben)
12 Papier-Backförmchen

Für 1 Muffinsblech (12 Stück)
⏲ 20 Min. Zubereitung | 35 Min. Backen
Pro Stück ca. 165 kcal, 3 g EW, 6 g F, 25 g KH

1 Die Butter schmelzen. Vollkornmehl, Zucker,
Backpulver, Salz, Zimtpulver und gemahlene Nelken
in einer Schüssel vermischen. Den Ofen auf 200°
vorheizen. Den Apfel vierteln, schälen und das Kerngehäuse entfernen. Die Möhren schälen. Apfel und
Möhren grob raspeln und mit der geschmolzenen
Butter, den Eiern und der Milch zur Mehlmischung
geben. Alles mit einem Löffel verrühren.

2 Die Papierförmchen in das Muffinsblech setzen.
In die Förmchen jeweils 1–2 EL Teig geben. Die Muf-
fins im Ofen (Mitte, Umluft 180°) ca. 35 Min. backen.
Für den Guss die Zitrone auspressen. Den Puder-
zucker mit dem Zitronensaft glatt rühren. Mit einem
Backpinsel die Muffins mit dem Guss bestreichen.
Nach Belieben mit Marzipanmöhrchen belegen.

oben: Schoko-Kokos-Muffins | unten: Wintermuffins

Kinderhit

Amerikaner

Diese Mini-Kuchen können schon die Allerkleinsten prima in die Hand nehmen. Mit bunten Zuckerstreuseln, Schokolinsen oder Gummibärchen verziert, machen sie auf jedem Geburtstagstisch was her.

Für den Teig
100 g weiche Butter | 100 g Zucker | 1 Päckchen Vanillezucker | 2 Eier | 4 EL Milch | 1 Bio-Zitrone | 200 g Mehl | 50 g Speisestärke | 2 TL Backpulver
Für den Guss
8 EL Puderzucker

Für 12 Stück | ◎ 20 Min. Zubereitung
15 Min. Backen pro Blech
Pro Stück ca. 195 kcal, 3 g EW, 8 g F, 27 g KH

1 Den Backofen auf 180° vorheizen. Butter, Zucker und Vanillezucker mit dem Handrührgerät schaumig rühren. Eier und Milch nach und nach unterrühren. Die Zitrone heiß waschen, trocknen und die Schale mit der Zitrusreibe abreiben. Das Mehl mit der Stärke, dem Backpulver und der Zitronenschale mischen und mit dem Handrührgerät kurz unter den Teig rühren.

2 Zwei Backbleche mit Dauerbackfolie oder Backpapier auslegen. Mit zwei Esslöffeln auf jedes Blech 6 kleine Häufchen setzen. Dabei genügend Abstand halten, denn der Teig läuft auseinander. Die Amerikaner im Ofen (Mitte, Umluft 170°) ca. 15 Min. goldgelb backen und anschließend auf ein Kuchengitter setzen.

3 Für den Guss die Zitrone auspressen und den Saft mit dem Puderzucker glatt rühren. Die flache Seite der Amerikaner mit der Glasur überziehen.

DEKO-TIPP
Wenn Sie die gewölbte Seite mit Schokoglasur bestreichen und mit Mandelstiften spicken, entstehen kleine Kuchenigel.

Brownies

100 g Zartbitterschokolade | 100 g Butter |
100 g Walnusskerne | ½ Bio-Orange | 4 Eier |
120 g Zucker | 1 Päckchen Vanillezucker |
100 g Mehl | 1 TL Backpulver

Für eine Auflaufform von 20 x 30 cm (30 Stück)
⏲ 20 Min. Zubereitung | 25 Min. Backen
Pro Stück ca. 88 kcal, 2 g EW, 5 g F, 8 g KH

1 Die Schokolade mit der Butter im Wasserbad
schmelzen. Die Walnüsse grob hacken. Die Orange
heiß waschen, trocknen und von einer Hälfte die
Schale abreiben. Die Form fetten oder mit Backpapier auslegen. Den Backofen auf 180° vorheizen.

2 Eier, Zucker, Vanillezucker und Orangenschale mit
dem Handrührgerät schaumig rühren. Schokomasse
unterrühren. Mehl, Backpulver und Walnüsse mischen
und unter den Teig rühren. Teig in die Form geben,
glatt streichen und im Ofen (Mitte, Umluft 160°)
ca. 25 Min. backen. Die Teigplatte abgekühlt in
4 x 5 cm große Stücke schneiden.

Scones

250 g Mehl | 2 TL Backpulver | 1 TL Salz | 1 EL
Zucker | 60 g weiche Butter | 120 ml Buttermilch

Für 10 Stück
⏲ 15 Min. Zubereitung | 20 Min. Backen
Pro Stück ca. 140 kcal, 3 g EW, 5 g F, 20 g KH

1 Ein Backblech mit Backpapier oder Dauerbackfolie auslegen. Das Mehl mit Backpulver, Salz und
Zucker mischen. Die Butter dazugeben und mit den
Knethaken des Handrührgeräts oder mit den Händen zu Streuseln verkneten. Die Buttermilch zugeben
und kurz zu einem geschmeidigen Teig verkneten.

2 Den Backofen auf 200° vorheizen. Den Teig auf
einer bemehlten Fläche etwa 2–3 Zentimeter dick
ausrollen und mit einem Glas Kreise von 6 cm ⌀
ausstechen. Die Scones auf das Backblech setzen
und im Ofen (Mitte, Umluft 180°) ca. 20 Min. backen. Die Scones nach Ende der Backzeit 2 Min.
unter dem Backofengrill bräunen. Mit Butter und
Marmelade servieren.

frisch am besten

Windbeutel mit Preiselbeeren

Diesem luftig leichten Kleingebäck kann keiner widerstehen, denn die Mini-Törtchen werden aus Brandteig gebacken. Der geht kinderleicht und ist superschnell gebacken. Die Füllung kann man beliebig variieren.

Für den Teig
125 ml Milch
1 gehäufter EL Butter
1 Prise Salz
75 g Mehl
3 Eier

Für die Füllung
200 g Sahne
80 g Preiselbeeren (gezuckert, aus dem Glas)

Für 16 Stück
⏲ 25 Min. Zubereitung | 20 Min. Backen
Pro Stück ca. 91 kcal, 2 g EW, 6 g F, 6 g KH

1 Milch, Butter und Salz in einem kleinen Topf zum Kochen bringen. Den Topf mit der kochenden Flüssigkeit vom Herd nehmen. Sofort das Mehl zur Milch geben und mit einem Holzkochlöffel unterrühren. Den Topf wieder auf den Herd stellen und bei mittlerer Hitze weiterrühren, bis ein zäher Kloß entstanden ist und sich am Topfboden eine weiße Haut bildet (Bild 1).

2 Den Teigkloß in die Rührschüssel geben und die Eier nach und nach mit dem Kochlöffel unterrühren, bis jeweils eine glatte Masse entstanden ist (Bild 2). Wenn der Teig glänzt und beim Rühren feine Spitzen entstehen, ist er fertig.

3 Den Backofen auf 200° vorheizen. Ein Backblech mit Backpapier oder Dauerbackfolie auslegen. Mit

Hilfe von zwei Teelöffeln kleine Häufchen auf das Blech setzen (Bild 3). Da der Brandteig sein Volumen beim Backen mindestens verdoppelt, die Teilchen nicht zu dicht setzen. Die Windbeutel im heißen Ofen (Mitte, Umluft 180°) ca. 20 Min. goldbraun backen. Den Ofen in den ersten 10 Min. der Backzeit nicht öffnen, damit das Gebäck nicht zusammenfällt.

4 Die Windbeutel sofort nach dem Herausnehmen aus dem Ofen mit einem scharfen Messer oder einer sauberen Küchenschere aufschneiden (Bild 4). Die Sahne mit dem Handrührgerät steif schlagen. Wenn alle Windbeutel aufgeschnitten sind, werden sie mit Sahne und jeweils einem halben Teelöffel Preiselbeeren gefüllt. Sofort servieren.

KÜCHENTECHNIK-TIPP
Da beim Brandteig zügiges Arbeiten am Herd und beim Einrühren der Eier wichtig ist, am besten die Zutaten und Arbeitsmittel vorher bereitstellen.

VARIANTEN
Füllen Sie die Windbeutel zur Abwechslung einmal mit Aprikosen- oder Schokosahne. Dafür jeweils 200 g geschlagene Sahne entweder mit 100 g Fruchtaufstrich Aprikose oder mit 2 EL Instant-Kakaopulver mischen.

ganz einfach

Vanille-Törtchen

Die Expressvariante der portugiesischen »pastéis de nata« entsteht aus Vanille-pudding und Blätterteig.

1 Paket TK-Blätterteig (6 Platten, 450 g)
1 Päckchen Puddingpulver Bourbon-Vanille
2 EL Zucker
500 ml Milch
1 Ei

Für 1 Muffinsblech (12 Stück)
⊚ 15 Min. Zubereitung | 30 Min. Backen
Pro Stück ca. 195 kcal, 4 g EW, 11 g F, 20 g KH

1 Die Blätterteigplatten 10 Min. nebeneinander auftauen lassen. Inzwischen das Puddingpulver mit Zucker, 6 EL Milch und dem Ei glatt rühren. Die restliche Milch aufkochen lassen. Das angerührte Puddingpulver einrühren und den Pudding unter Rühren 1 Min. kochen lassen.

2 Den Backofen auf 200° vorheizen. Die rechteckigen Blätterteigplatten zu Quadraten halbieren und leicht ausrollen. Die Teigblätter in die Vertiefungen der Muffinsform geben. Die Ecken etwas einrollen.

3 Den Pudding in die Förmchen verteilen. Die Törtchen im Ofen (Mitte, Umluft 180°) ca. 30 Min. backen. Sie schmecken warm und kalt.

GUT ZU WISSEN

Das Originalrezept ist ein altes Klosterrezept aus Belém, einem Stadtviertel von Lissabon. In Portugal werden die Törtchen in speziellen Formen gebacken und bekommen eine Füllung aus Eigelb und Zucker.

originell

Zucchini-Kuchen

Wer die berühmte Rüblitorte aus der Schweiz kennt, wird auch diesen Blitz-kuchen mit Zucchini mögen.

3 Tassen Mehl (à 200 ml)
1 Päckchen Backpulver
½ Tasse gemahlene Mandeln
1 Tasse Zucker
½ TL Zimtpulver
1 Zucchino (ca. 300 g)
4 Eier
1 Tasse Öl
Fett für das Blech

Für 1 Backblech (20 Stück)
⊚ 10 Min. Zubereitung | 35 Min. Backen
Pro Stück ca. 250 kcal, 5 g EW, 15 g F, 24 g KH

1 Den Backofen auf 175° vorheizen. Das Blech fetten. Mehl, Backpulver, Mandeln, Zucker und Zimtpulver in einer Rührschüssel mischen. Den Zucchino waschen, grob raspeln und zum Teig geben.

2 Eier und Öl dazugeben und das Ganze mit einem Löffel verrühren. Den Teig auf das Blech streichen. Im Ofen (Mitte, Umluft 160°) ca. 35 Min. goldbraun backen.

DEKO-TIPPS

Wenn Sie den abgekühlten Kuchen mit Kuvertüre überziehen, bleibt er länger frisch und saftig. Nach Belieben dabei mit gehobelten Mandeln bestreuen. Wenn Sie weiße Kuvertüre verwenden, lässt sich der Kuchen zusätzlich mit Schoko-Dekorcreme (Fertigprodukt) festlich verzieren. Die Dekorcreme wird im Kühlschrank fest.

oben: Vanille-Törtchen | unten: Zucchini-Kuchen

fruchtig & frisch

Heidelbeeren sind eigentlich viel zu schade, um sie in Muffins zu verstecken. Das jedenfalls fand ich, als ich mir das Rezept für diesen cremigen Kuchen überlegt habe. Herausgekommen ist dabei ein schneller Obstkuchen mit Dinkel-Vollkornmehl.

Heidelbeer-Mascarpone-Kuchen

Für den Teig

200 g Dinkel-Vollkornmehl

1 TL Backpulver

100 g weiche Butter

50 g Rohrohrzucker

1 Ei

Für den Belag

½ Zitrone

250 g Mascarpone

1 Ei

40 g Rohrohrzucker

1 Päckchen Vanillezucker

300 g Heidelbeeren (frisch oder TK)

Fett für die Form

Für 1 Springform von 26 cm Ø (12 Stück)

20 Min. Zubereitung | 35 Min. Backen

Pro Stück ca. 290 kcal, 5 g EW, 19 g F, 25 g KH

1 Eine Springform fetten. Das Mehl mit dem Backpulver mischen. Butter, Zucker und Ei mit den Knethaken des Handrührgeräts oder mit den Händen zu einem Teig verkneten und auf dem Boden und am Rand der Springform mit der Hand verteilen.

2 Den Backofen auf 200° vorheizen. Die Zitrone auspressen. Mascarpone, Ei, Zucker, Vanillezucker und Zitronensaft cremig schlagen und die Masse auf den Tortenboden streichen. Die Heidelbeeren verlesen (TK-Ware unaufgetaut verwenden) und auf dem Kuchen verteilen. Den Kuchen im heißen Ofen ca. 35 Min. (Mitte, Umluft 180°) backen, herausnehmen und abkühlen lassen.

macht schnell was her

Schoko-Birnenkuchen

Ein echtes Traumpaar: Saftige Birnen versinken in zartem Schoko-Rührteig.
Und dazu gibt es eine ordentliche Portion Schlagsahne.

Für den Teig
175 g weiche Butter | 100 g Zucker | 1 Päckchen
Vanillezucker | 3 Eier | 225 g Mehl | 2 TL Back-
pulver | 1 EL Kakaopulver | Fett für die Form
Für den Belag
1 Dose Birnen (460 g Abtropfgewicht) | 2 EL Man-
delblättchen oder Mandelstifte

Für 1 Springform von 26 cm Ø (12 Stück)
⏱ 15 Min. Zubereitung | 30 Min. Backen
Pro Stück ca. 275 kcal, 4 g EW, 16 g F, 30 g KH

1 Die Birnen in ein Sieb abgießen und abtropfen
lassen. Den Ofen auf 200° vorheizen und die Form
fetten. Für den Teig weiche Butter, Zucker und
Vanillezucker mit dem Handrührgerät schaumig
rühren bis eine weißlich cremige Masse entstanden
ist. Nach und nach die Eier unterrühren.

2 Mehl, Backpulver und Kakaopulver in einer
Schüssel mischen und kurz unter den Teig rühren.
Den Teig in die Form geben und glatt streichen.

3 Die Birnenhälften mit der Wölbung nach oben
auf dem Teig verteilen und die Mandeln darüberstreuen. Den Kuchen ca. 30 Min. im Ofen (Mitte,
Umluft 180°) backen.

FRISCHE-VARIANTE
Wenn Sie etwas mehr Zeit haben, verwenden Sie drei
weiche, frische Birnen. Oder nehmen Sie statt der Birnen
drei große Äpfel und lassen Sie das Kakaopulver weg.

GUT ZU WISSEN
Der Schoko-Birnenkuchen schmeckt nach 1–2 Tagen
besonders saftig.

preiswert

Tassen-Kirschkuchen

1 Glas Sauerkirschen (350 g Abtropfgewicht) |
6 Tassen Mehl (à 200 ml) | 2 Tassen Zucker |
1 Päckchen Backpulver | 1 Päckchen Vanille-
zucker | 4 Eier | 2 Tassen neutrales Pflanzenöl
(z. B. Sonnenblumenöl) | 1 Tasse Apfelsaft |
Fett für das Blech | Puderzucker zum Bestäuben

Für 1 Backblech (20 Stück)
🕐 5 Min. Zubereitung | 20 Min. Backen
Pro Stück ca. 200 kcal, 4 g EW, 9 g F, 27 g KH

1 Den Ofen auf 200° vorheizen. Die Kirschen in
ein Sieb gießen und abtropfen lassen. Das Blech
fetten. Mehl, Zucker, Backpulver und Vanillezucker
in einer Schüssel mischen.

2 Eier, Öl und Saft mit einem Löffel unterrühren.
Den Teig auf das Blech streichen und die Kirschen
darauf verteilen. Im Ofen (Mitte, Umluft 180°) ca.
20 Min. backen. Abkühlen lassen und den fertigen
Kuchen mit Puderzucker bestäuben.

säuerlich-süß

Kirsch-Bananenkuchen

1 Glas Sauerkirschen (350 g Abtropfgewicht) |
120 g weiche Butter | 120 g Zucker | 1 Päckchen
Vanillezucker | 1 Prise Salz | 2 Eier | 4 EL Milch |
2 reife Bananen | 200 g Mehl | 1 TL Backpulver |
Fett für die Form | Puderzucker zum Bestäuben

Für 1 Springform von 26 cm Ø (12 Stück)
🕐 20 Min. Zubereitung | 30 Min. Backen
Pro Stück ca. 240 kcal, 4 g EW, 11 g F, 31 g KH

1 Die Kirschen in ein Sieb gießen und abtropfen
lassen. Den Ofen auf 200° vorheizen und die Form
fetten. Butter, Zucker, Vanillezucker und Salz schaumig schlagen. Die Eier und die Milch nach und nach
unterrühren. Die Bananen schälen, das Frucht-
fleisch zerdrücken und unter den Teig rühren. Mehl
mit dem Backpulver mischen und kurz unter den
Teig rühren. Den Teig in die Form füllen, glatt streichen und die Kirschen darauf verteilen. Den Kuchen
ca. 30 Min. backen (Mitte, Umluft 180°). Abkühlen
lassen und mit Puderzucker bestäuben.

erfrischend

Zitronenrolle

Mit diesem Express-Rezept backen Sie eine Biskuitroulade in einer halben Stunde. Wer keine Zitronensahne mag, füllt mit Mango- oder Schokosahne, das geht genauso fix.

Für den Teig
4 Eier
4 EL Zucker
100 g Mehl
1 TL Backpulver
Für die Füllung
200 g Sahne
1 Päckchen Sahnesteif
1 Päckchen Vanillezucker
½ Bio-Zitrone
Puderzucker zum Bestäuben

Für 1 Backblech (12 Stück)
15 Min. Zubereitung | 15 Min. Backen
Pro Stück ca. 145 kcal, 4 g EW, 8 g F, 15 g KH

1 Den Ofen auf 175° vorheizen. Das Backblech mit Dauerbackfolie oder Backpapier auslegen. Die Eier, den Zucker und 4 EL heißes Wasser in die Rührschüssel geben und mit dem Handrührgerät oder der Küchenmaschine schaumig schlagen, bis der Zucker sich aufgelöst hat.

2 Mehl und Backpulver mischen und mit dem Schneebesen vorsichtig unter die Eimasse heben. Den Teig gleichmäßig auf das Blech streichen (Bild 1) und im Ofen (Mitte, Umluft 160°) ca. 15 Min. backen. Die Teigplatte ist fertig, wenn die Oberfläche trocken ist und auf Druck elastisch nachgibt. Die Ränder sollten noch weich sein.

3 Inzwischen auf der Arbeitsfläche ein sauberes, feuchtes Geschirrtuch auslegen. Die Teigplatte zusammen mit der Dauerbackfolie oder dem Backpapier sofort nach dem Backen darauf stürzen (Bild 2).

4 Die Sahne steif schlagen. Sahnesteif und Vanillezucker unterrühren. Die Zitrone auspressen und den Saft unter die Sahne mischen. Das Backpapier mit einem feuchten Tuch abwischen und abziehen (Bild 3) – die Dauerbackfolie einfach so abziehen.

5 Die Sahnecreme auf der Teigplatte gleichmäßig verteilen, dabei rundum einen Rand von 1 cm frei lassen, und die Platte von der langen Seite her mit Hilfe des Tuchs einrollen (Bild 4). Die fertige Rolle mit der »Naht« nach unten auf eine Kuchenplatte legen und mit Puderzucker bestäuben.

VARIANTEN: MANGO- ODER SCHOKOROLLE
Verwenden Sie anstelle von Zitronensaft 150 g Mango-Fruchtaufstrich. Die Rolle nach Belieben mit Sahne, Mangostückchen und Zitronenmelisseblättchen dekorieren. Für eine Schokorolle die Sahne mit 2 EL Instant-Kakaopulver mischen.

KÜCHENTECHNIK-TIPP
Bei Biskuitteig sollten Sie die Ofentür erst gegen Ende der Backzeit öffnen, wenn das Teiggerüst stabil ist.

cremig-frisch

Limettentarte

Für den Teig
250 g Mehl
1 TL Backpulver
125 g weiche Butter
65 g Zucker
1 Ei | 1 Prise Salz
Für die Creme
3 Bio-Limetten
200 g Crème fraîche
120 g Zucker
1 Päckchen Vanillezucker
3 Eier
Fett für die Form

Für 1 Springform von 26 cm Ø (12 Stück)
⏱ 20 Min. Zubereitung | 50 Min. Backen
Pro Stück ca. 315 kcal, 5 g EW, 19 g F, 32 g KH

1   Eine Springform fetten. Den Backofen auf 200°
vorheizen. Das Mehl mit dem Backpulver mischen.
Butter, Zucker, Ei und Salz dazugeben und mit den
Knethaken des Handrührgeräts oder den Händen
verkneten. Den Teig mit der Hand auf dem Boden
und am Rand der Form verteilen und im heißen
Ofen ca. 10 Min. (Mitte, Umluft 180°) vorbacken.

2   Für die Creme die Limetten heiß waschen, trocknen, von 2 Früchten die Schale abreiben, dann von
allen den Saft auspressen (ca. 100 ml Saft). Limet-
tensaft und –schale, Crème fraîche, Zucker, Vanillezucker und Eier mit dem Handrührgerät verrühren.
Die Creme auf den Boden geben und die Tarte im
Ofen (Mitte, Umluft 180°) ca. 40 Min. weiterbacken,
bis die Creme fest ist.

Spezialität aus Niedersachsen

Artländer Apfeltarte

1 Rolle Blätterteig aus dem Kühlregal (275 g)
2 große Äpfel (z. B. Cox orange oder Elstar)
2 EL Zucker
½ TL Zimtpulver
2 EL Butter

Für 1 Springform von 26 cm Ø (12 Stück)
⏱ 10 Min. Zubereitung | 20 Min. Backen
Pro Stück ca. 120 kcal, 1 g EW, 7 g F, 14 g KH

1   Den Backofen auf 200° vorheizen. Die Form mit
kaltem Wasser ausspülen. Die Blätterteigrolle auf
der Arbeitsfläche entrollen und die Teigplatte halbieren. Mit einer Hälfte die Form auslegen und mit
dem Teigroller so verteilen, dass der Boden ganz
bedeckt ist.

2   Die Äpfel nach Belieben schälen, vierteln und
das Kerngehäuse entfernen, dann in kleine Scheiben schneiden. Die Äpfel auf den Teig geben und
mit dem restlichen Blätterteig abdecken.

3   Zucker und Zimtpulver mischen und über den
Kuchen verteilen. Mit Butterflöckchen bestreuen.
Den Kuchen im Ofen (Mitte, Umluft 180°) ca. 20
Min. backen.

UND DAZU?

Für eine Weinschaumsauce verrühren Sie 2 Eigelbe,
2 EL Zucker, ¼ l Weißwein, 1 EL Speisestärke sowie den
Saft und die Schale von ½ Bio-Zitrone in einem kleinen
Topf. Die Masse mit dem Schneebesen über einem Wasserbad aufschlagen, bis sie hochsteigt und dicklich wird.

frühlingsfrisch

Rhabarberkuchen

Für den Teig

250 g Mehl

1 TL Backpulver

125 g weiche Butter

80 g Zucker

1 Päckchen Vanillezucker

1 Ei

Für den Belag

500 g Rhabarber

200 g Schmant | 1 Ei

120 g Zucker

1 Päckchen Vanille-Puddingpulver

Fett für die Form

Für 1 Springform von 26 cm Ø (12 Stück)

⏲ 20 Min. Zubereitung | 55 Min. Backen

Pro Stück ca. 290 kcal, 4 g EW, 15 g F, 35 g KH

1 Für den Teig das Mehl mit dem Backpulver in einer Rührschüssel mischen. Butter, Zucker, Vanillezucker und Ei dazugeben und den Teig mit dem Handrührgerät oder mit den Händen zu Streuseln kneten. Den Ofen auf 200° vorheizen.

2 Eine Springform fetten. Zwei Drittel des Teiges in der Form verteilen und mit der Hand auf dem Boden und am Rand andrücken. Den Rhabarber waschen, schälen und in ca. 3 cm lange Stücke schneiden. Für den Guss Schmant, Ei, Zucker und Puddingpulver mit dem Handrührgerät verrühren. Erst den Rhabarber, dann den Guss auf den Boden geben. Die übrigen Streusel darauf verteilen. Den Kuchen im Ofen (Mitte, Umluft 180°) ca. 55 Min. goldbraun backen.

aromatisch

Aprikosenkuchen

Für den Teig

150 g Magerquark

6 EL Öl | 1 Ei

75 g Zucker

1 Prise Salz

300 g Mehl

2 TL Backpulver

Für den Belag

2 Dosen Aprikosen (à 475 g Abtropfgewicht)

½ Zitrone | 350 g Magerquark

250 g Schmant | 80 g Zucker

1 Päckchen Vanillezucker

1 EL Speisestärke

2 Eier

Fett für das Blech

Für 1 Backblech (20 Stück)

⏲ 25 Min. Zubereitung | 35 Min. Backen

Pro Stück ca. 195 kcal, 7 g EW, 8 g F, 25 g KH

1 Das Blech fetten. Den Ofen auf 200° vorheizen. Die Aprikosen in ein Sieb geben und abtropfen lassen. Für den Quarkölteig Quark, Öl, Ei, Zucker und Salz mit den Knethaken des Handrührgeräts verrühren, das Mehl mit dem Backpulver mischen und dazugeben, erst langsam, dann auf hoher Stufe zu einem glatten Teig verkneten. Den Teig auf dem Blech mit dem Teigroller ausrollen.

2 Für den Guss die Zitrone auspressen. Den Quark mit Schmant, Zucker, Vanillezucker, Stärke, Eiern und Zitronensaft verrühren. Den Guss auf dem Teig verstreichen. Die Aprikosenhälften mit der Schnittfläche nach unten daraufsetzen. Den Kuchen im Ofen (Mitte, Umluft 180°) ca. 35 Min. backen.

saftig

Orangenkuchen

2 Bio-Orangen
200 g Butter
120 g Zucker
1 Päckchen Vanillezucker
4 Eier
300 g Mehl
2 TL Backpulver
2 EL Puderzucker
Puderzucker zum Bestäuben
Fett für die Form

Für 1 Springform von 26 cm ⌀ (12 Stück)
🕙 20 Min. Zubereitung | 30 Min. Backen
Pro Stück ca. 300 kcal, 5 g EW, 17 g F, 31 g KH

1 Die Orangen heiß waschen, trocknen und die Schale abreiben. Die Orangen halbieren und auspressen. Den Backofen auf 200° vorheizen. Die Springform fetten.

2 Butter, Zucker und Vanillezucker mit dem Handrührgerät oder der Küchenmaschine schaumig rühren. Die Eier nach und nach unterrühren. Das Mehl mit dem Backpulver und der Orangenschale mischen und zusammen mit der Hälfte des Orangensaftes kurz unter den Teig rühren.

3 Den Teig in die Form geben und im Ofen (Mitte, Umluft 180°) in 25–30 Min. goldbraun backen. Anschließend auf ein Kuchengitter stürzen. Den Puderzucker mit dem restlichen Orangensaft verrühren. Mit einem Zahnstocher Löcher in den Kuchen stechen und den Kuchen mit dem Saft beträufeln. Den Kuchen auskühlen lassen und mit Puderzucker bestäuben.

schmeckt warm am besten

Nektarinen-Crumble

250 g Dinkel-Vollkornmehl
4 EL Rohrohrzucker
125 g weiche Butter
3 Nektarinen (ca. 400 g)

Für 4 Personen (1 Auflaufform von ca. 20 cm ⌀)
🕙 10 Min. Zubereitung | 40 Min. Backen
Pro Portion ca. 515 kcal, 8 g EW, 27 g F, 61 g KH

1 Den Ofen auf 200° vorheizen. Das Mehl, den Zucker und die Butter mit den Händen zu Streuseln verkneten.

2 Die Nektarinen waschen, entkernen, klein schneiden und in die Auflaufform geben. Die Streusel darüberstreuen. Das Crumble im Ofen (Mitte, Umluft 180°) ca. 40 Min. backen.

VARIANTE: CRUMBLE MIT LIKÖR
Für diesen Crumble kneten Sie aus 200 g Mehl (Type 405), 4 EL Zucker, 1 Päckchen Vanillezucker und 120 g weicher Butter Streusel. Die Nektarinen wie oben vorbereiten, in die Auflaufform geben und mit 2 EL Amaretto oder Marillenlikör beträufeln. Mit Streuseln bedecken und wie oben beschrieben backen.

VARIANTE: PFLAUMEN-CRUMBLE
Das Crumble schmeckt auch vorzüglich mit entsteinten und halbierten Pflaumen oder Zwetschgen.

UND DAZU?
Das absolute Muss zum Crumble ist eine Kugel Vanilleeis. Aber auch Zimt- oder Walnusseis sind eine herrliche Ergänzung.

Petra Cassebaum | tortenfee

Beschwipster Apfelkuchen

*Das Sieger-Rezept des Großen GU-Rezeptwettbewerbs auf
küchengötter.de! Mit ihrer Kuchenkreation mit Schuss überzeugte
Küchengöttin Petra Cassebaum die Kochbuchredaktion.*

2 kg Äpfel (z. B. Kläräpfel oder Cox orange)
5 Eier
250 g Zucker
2 Päckchen Vanillezucker
250 ml neutrales Pflanzenöl
250 ml Eierlikör
375 g Mehl
125 g Speisestärke
1 Päckchen Backpulver
Fett und Mehl für das Blech

Für 1 Backblech (16 Stück)
🕐 20 Min. Zubereitung | 35 Min. Backen
Pro Stück ca. 435 kcal, 5 g EW, 20 g F, 50 g KH

1 Die Äpfel schälen, vierteln und das Kerngehäuse
entfernen. Den Backofen auf 200° vorheizen. Das
Blech fetten und mit Mehl ausstreuen.

2 Eier, Zucker und Vanillezucker mit dem Handrührgerät schaumig schlagen. Das Öl und den Eierlikör langsam zugeben und weiterrühren. Mehl,

Speisestärke und Backpulver mischen und mit
einem Schneebesen unter den Teig heben.

3 Den Teig auf das vorbereitete Blech streichen
und die Äpfel daraufsetzen. Den Kuchen im heißen
Ofen (Mitte, Umluft 175°) 30–35 Min. backen.

VARIANTE: SAUERKIRSCH-SCHOKOKUCHEN
Keine Äpfel im Vorrat? Dann backen Sie den Kuchen mit
Sauerkirschen (2 Gläser oder 700 g TK-Früchte). Geben
Sie dann zusätzlich noch 2 EL Kakaopulver in den Teig.

küchen götter
powered by GU

Sie haben auch ein tolles Rezept? Dann machen Sie mit bei:
www.küchengötter.de

cremig & sahnig

Auch Torten lassen sich einfach und schnell backen und füllen. Meine Beerentorte mit Nüssen, Sahne und Früchten ist der Hit auf jeder Kaffeetafel – und das nicht nur im Sommer, denn mit gefrorenen Früchten kann man sie das ganze Jahr über genießen.

Beerentorte

Für den Teig
4 Eier | 150 g Zucker
200 g gemahlene Haselnusskerne
Für die Füllung
400 g Sahne
2 Päckchen Sahnesteif
600 g gemischte Beeren (frisch oder TK-Ware)
1 Päckchen roter Tortenguss
250 ml roter Fruchtsaft (z. B. Roter Traubensaft)
Fett für die Form

Für 1 Springform von 26 cm Ø (12 Stück)
⊚ 20 Min. Zubereitung
20 Min. Backen | 1 Std. Kühlen
Pro Stück ca. 385 kcal, 6 g EW, 35 g F, 13 g KH

1 Den Backofen auf 200° vorheizen. Den Boden der Springform fetten. Eier und Zucker mit dem Handrührgerät oder der Küchenmaschine schaumig schlagen. Die Nüsse mit dem Schneebesen vorsichtig unterheben. Den Teig in die Form geben und ca. 20 Min. (Mitte, Umluft 180°) backen, danach auf eine Kuchenplatte stürzen, abkühlen lassen.

2 Die Sahne steif schlagen und das Sahnesteif kurz unterrühren. Einen Tortenring um den Biskuitboden stellen, die Sahne auf dem Boden verstreichen und die Beeren darauf verteilen. Den Tortenguss mit 3 EL Saft glatt rühren, den restlichen Saft erhitzen. Den angerührten Tortenguss in den Saft einrühren, unter Rühren kurz aufkochen lassen und über die Beeren gießen. Die Torte mindestens 1 Std. im Kühlschrank durchkühlen.

DEKO-TIPP
Feiner und edler wirkt die Torte, wenn Sie den Rand mit karamellisierten Mandelblättchen dekorieren.

für Süßschnäbel

Stachelbeer-Baiser-Torte

Stachelbeeren sind leider etwas in Vergessenheit geraten. Diese Torte macht ihnen alle Ehre, denn das süße Baiser passt wunderbar zu den sauren Früchtchen.

200 g Mehl
1½ TL Backpulver
160 g Zucker
1 Päckchen Vanillezucker
3 Eier
100 g weiche Butter
1 EL gemahlene Mandeln
1 Glas Stachelbeeren (390 g Abtropfgewicht)
1 TL Zitronensaft
Fett für die Form

Für 1 Springform von 26 cm Ø (12 Stück)
🕙 15 Min. Zubereitung | 30 Min. Backen
Pro Stück ca. 220 kcal, 4 g EW, 10 g F, 29 g KH

1 Mehl, Backpulver, 50 g Zucker und Vanillezucker in der Rührschüssel mischen. Die Eier trennen. Eigelbe und Butter zu der Mehlmischung geben und das Ganze mit den Knethaken des Handrührgeräts oder der Küchenmaschine oder von Hand verkneten.

2 Die Form fetten. Den Backofen auf 200° vorheizen. Die Stachelbeeren in ein Sieb abgießen und abtropfen lassen. Den Teig in die Form geben und mit der Hand auf dem Boden und am Rand gleichmäßig verteilen. Zunächst die Mandeln und dann die Stachelbeeren auf dem Boden verteilen.

3 Die Eiweiße mit dem Handrührgerät steif schlagen. Den Zitronensaft und den restlichen Zucker unterrühren und die schaumige Masse auf die Sta-

chelbeeren verstreichen. Die Torte im heißen Ofen (Mitte, Umluft 180°) ca. 30 Min. backen.

DEKO-TIPP

Feiner und edler wirkt die Torte, wenn Sie nach 15 Min. Backzeit eine Handvoll Mandelblättchen auf die Baisermasse streuen.

VARIANTEN MIT FRISCHEM OBST

Während der Saison und mit einem etwas größeren Zeitbudget können Sie anstelle der Stachelbeeren aus dem Glas ca. 400 g frische Stachelbeeren, 400 g frischen Rhabarber oder 400 g frische Johannisbeeren auf den Boden geben. Dafür den Teig mit 100 g Zucker zubereiten, das Obst vorbereiten, mit den Mandeln auf den Boden geben und mit 1 EL Zucker bestreuen. Mit der Baisermasse abschließen.

VARIANTE: STACHELBEERKRANZ

1 Glas Stachelbeeren (390 g Abtropfgewicht) in ein Sieb abgießen und abtropfen lassen. Den Backofen auf 175° vorheizen. Eine Kranzform von 26 cm Ø fetten. 250 g weiche Butter mit 250 g Zucker, 1 Päckchen Vanillezucker und 1 Prise Salz schaumig rühren. Nach und nach 3 Eier unterrühren. 375 g Mehl mit 2 TL Backpulver, ½ TL Zimtpulver und 50 g gemahlenen Mandeln mischen. Die Mehlmischung mit 6 EL Milch und den Stachelbeeren kurz unter den Teig rühren. Den Teig in die Form füllen und im heißen Ofen (Mitte, Umluft 160°) ca. 60 Min. backen. Ausgekühlt mit Puderzucker bestäuben.

für Schokofans

Mousse-au-Chocolat-Torte

Für den Teig

4 Eier | 100 g Zucker

100 g Mehl | 1 TL Backpulver

40 g Kakaopulver

Für die Füllung

100 g Zartbitter-Schokolade

400 g Sahne | 2 Päckchen Sahnesteif

50 g Raspelschokolade (Fertigprodukt)

Fett für die Form | fester Faden

Für 1 Springform von 26 cm Ø (12 Stück)

30 Min. Zubereitung | 20 Min. Backen

2 Std. 45 Min. Kühlen

Pro Stück ca. 275 kcal, 6 g EW, 18 g F, 24 g KH

1 Die Schokolade in Stücke brechen und in der Sahne schmelzen. Die Schokosahne im Kühlschrank mind. 2 Std. abkühlen lassen. Den Boden der Springform fetten. Den Backofen auf 200° vorheizen.

2 Eier mit Zucker und 4 EL heißem Wasser mit dem Handrührgerät schaumig schlagen, bis die Masse weißgelblich ist. Mehl, Backpulver und Kakaopulver mischen und mit dem Schneebesen unter die Masse heben. Den Teig in die Form geben und im heißen Ofen (Mitte, Umluft 180°) ca. 20 Min. backen, danach ca. 15 Min. abkühlen lassen.

3 Die Schoko-Sahne mit Sahnesteif steif schlagen. Den Tortenboden teilen (s. S. 42), ein Drittel der Schoko-Sahne auf die untere Hälfte des Bodens geben, mit der oberen Hälfte abdecken und die übrige Sahne obenauf und am Rand verteilen. Den Rand der Torte mit Raspelschokolade dekorieren. Die Torte mind. 30 Min. kühlen.

blitzschnell

Käsetorte ohne Boden

½ Bio-Zitrone

125 g weiche Butter

150 g Zucker

1 Päckchen Vanillezucker

4 Eier

80 g Weichweizengrieß

1 TL Backpulver

1 kg Magerquark

Fett für die Form

Für 1 Springform von 26 cm Ø (12 Stück)

10 Min. Zubereitung | 60 Min. Backen

Pro Stück ca. 245 kcal, 14 g EW, 11 g F, 22 g KH

1 Den Backofen auf 175° vorheizen. Eine Springform fetten. Die Zitrone heiß waschen, trocknen, die Schale abreiben und dann den Saft auspressen.

2 Alle Zutaten in eine Schüssel geben und mit dem Handrührgerät 2–3 Min. verrühren. Die Masse in die Form geben und im Ofen (Mitte, Umluft 160°) ca. 60 Min. backen. Damit die Oberfläche nicht zu dunkel wird, den Kuchen nach etwa 30 Min. mit Back- oder Pergamentpapier abdecken.

VARIANTE: KÄSETORTE MIT BODEN

Aus 150 g Mehl, 70 g weicher Butter, 40 g Zucker und 1 Eigelb einen Mürbeteig kneten und auf dem Boden und am Rand der Springform verteilen. Die Quarkmasse daraufgeben, bei 175° (Mitte, Umluft 160°) ca. 60 Min. backen.

DEKOTIPP

Verteilen Sie vor dem Backen 3–4 EL erwärmtes Rotes Johannisbeergelee auf der Quarkmasse und verziehen Sie die Masse mit einer Gabel, sodass eine schöne Marmorierung entsteht.

oben: Mousse-au-Chocolat-Torte | unten: Käsetorte ohne Boden

karibisch inspiriert

Ananas-Kokos-Torte

Ananas und Kokos harmonieren nicht nur in flüssiger Form bei Piña Colada.
Bei dieser Torte sind sie im Teig und in der Füllung enthalten.

Für den Teig

6 Eier
1 Prise Salz
180 g Zucker
180 g Mehl
50 g Kokosraspel

Für die Füllung

1 Dose Ananasscheiben (340 g Abtropfgewicht)
200 g Sahne
2 EL Zucker
250 g Magerquark
2 EL Kokosraspel
2 EL Kokoschips (Naturkostladen, ersatzweise Kokosraspel)
Fett und Mehl für die Form
fester Faden zum Teilen

Für 1 Springform von 26 cm Ø (18 Stück)
⊚ 30 Min. Zubereitung | 30 Min. Backen
1 Std. Kühlen
Pro Stück ca. 195 kcal, 6 g EW, 9 g F, 23 g KH

1 Den Backofen auf 200° vorheizen. Den Boden der Springform fetten und mit Mehl ausstreuen. Die Eier, Salz und Zucker mit dem Handrührgerät oder der Küchenmaschine schaumig rühren. Mehl und Kokosraspel vorsichtig mit dem Schneebesen unterheben. Den Teig in die Springform geben und im heißen Ofen (Mitte, Umluft 180°) ca. 30 Min. backen. Anschließend auf eine Platte stürzen.

2 Für die Füllung die Ananas in ein Sieb gießen und abtropfen lassen. Die Sahne mit dem Handrührgerät steif schlagen. Den Zucker und den Quark mit dem Schneebesen unter die Sahne heben.

3 Den Biskuitboden teilen. Dazu den Boden mit einem scharfen Messer rundherum einschneiden, einen reißfesten Faden in die entstandene Rille legen und den Faden zusammenziehen (Bild 1).

4 Etwa zwei Drittel der Quark-Sahne-Masse auf dem unteren Boden verstreichen. Drei Ananasscheiben zum Dekorieren beiseitelegen. Die restlichen Ananasscheiben auf der Quark-Sahne-Masse verteilen (Bild 2).

5 Den oberen Boden auflegen und die Torte oben und am Rand mit einer Palette oder einem Messer mit der restlichen Quark-Sahne-Masse bestreichen. Mit einer Palette oder einem Messer den Rand mit Kokosraspeln dekorieren. Die Kokoschips auf die Torte streuen. Die drei Ananasscheiben zum Dekorieren in jeweils 6 Stücke schneiden und die Torte damit rundherum verzieren.

TIPP

Für noch mehr Kokosaroma können Sie den Biskuitboden vor dem Füllen mit 2–3 EL Kokoslikör beträufeln.

sommerlich

Erdbeer-Joghurt-Torte

Für den Teig
250 g Mehl | 1 TL Backpulver
125 g weiche Butter | 4 EL Zucker
1 Päckchen Vanillezucker | 1 Ei
Für die Füllung
500 g Erdbeeren
500 g Joghurt | 200 g Sahne
Instant-Gelatine für 1 l Flüssigkeit
4 EL Zucker | 1 Päckchen Vanillezucker
einige Blättchen Zitronenmelisse
Fett für die Form

Für 1 Springform von 26 cm Ø (12 Stück)
⏲ 25 Min. Zubereitung | 20 Min. Backen
1 Std. Kühlen
Pro Stück ca. 330 kcal, 4 g EW, 20 g F, 31 g KH

1 Die Springform fetten. Den Ofen auf 175° vorheizen. Für den Teig das Mehl mit Backpulver mischen. Butter, Zucker, Vanillezucker und Ei zugeben und mit den Knethaken des Handrührgeräts oder mit den Händen zu Streuseln kneten, in die Form geben und am Boden und Rand andrücken. Den Boden (Mitte, Umluft 160°) ca. 20 Min. backen.

2 Die Erdbeeren abspülen und die Kelchblätter entfernen, 6 Stück beiseitelegen. Restliche Früchte pürieren und mit Joghurt verrühren. Sahne steif schlagen und unter die Masse heben. Instant-Gelatine unter Rühren in die Masse rieseln lassen. Zucker und Vanillezucker unterrühren. Um den Boden einen Tortenring stellen. Die Creme auf dem Boden glatt streichen. Den Kuchen mindestens 1 Std. kühl stellen. Den Tortenring entfernen, mit halbierten Erdbeeren und Zitronenmelisse dekorieren.

Kinderhit

Maulwurftorte

Für den Teig
200 g weiche Butter | 150 g Zucker
1 Päckchen Vanillezucker | 5 Eier
100 g gemahlene Haselnusskerne
40 g Kakaopulver
100 g Mehl | 1 TL Backpulver
Für die Füllung
1 Paket TK-Himbeeren (300 g)
400 g Sahne | 20 g Puderzucker
1 Päckchen Vanillezucker
1 Päckchen Sahnesteif | 1 Banane
Fett für die Form

Für 1 Springform von 26 cm Ø (12 Stück)
⏲ 30 Min. Zubereitung | 30 Min. Backen
30 Min. Kühlen
Pro Stück ca. 435 kcal, 7 g EW, 33 g F, 29 g KH

1 Eine Springform fetten. Den Backofen auf 200° vorheizen. Die Himbeeren in einer Schüssel antauen lassen. Für den Teig Butter, Zucker und Vanillezucker schaumig rühren. Die Eier nach und nach unterrühren. Die Nüsse mit Kakaopulver, Mehl und Backpulver mischen und unter den Teig rühren. Den Teig in die Form geben und im Ofen (Mitte, Umluft 180°) 30 Min. backen und abkühlen lassen.

2 Den Boden mit einem Löffel aushöhlen, dass an Boden und Rand etwa 2 cm stehen bleiben. Die Sahne steifschlagen, Puderzucker, Vanillezucker und Sahnesteif einrieseln lassen. Die Banane schälen, in Scheiben schneiden und mit den Himbeeren auf dem Boden verteilen. Die Sahne kuppelförmig darüber auftürmen, die restlichen Kuchenkrümel darauf verteilen und die Torte 30 Min. kühlen.

oben: Maulwurftorte | unten: Erdbeer-Joghurt-Torte

festlich

Sanddorn-Torte

Vitamin-C-Kick für Tortenfans: Der süßsaure Sanddorn-Fruchtaufstrich ist nicht nur sehr gesund, sondern auch mustergültig im Aussehen. Wer es milder mag, nimmt stattdessen Mango-Fruchtaufstrich.

Für den Teig
60 g Butter
4 Eier
100 g Zucker
1 Päckchen Vanillezucker | 1 Prise Salz
150 g Mehl
1 TL Backpulver

Für die Füllung
200 g Fruchtaufstrich Sanddorn-Orange
250 g Quark (40 %)
150 g Joghurt
200 g Sahne
Instant-Gelatine für 500 ml Flüssigkeit
3 EL Zucker
1 Päckchen Vanillezucker
Fett und Mehl für die Form | fester Faden

Für 1 Springform von 26 cm Ø (12 Stück)
⏲ 30 Min. Zubereitung | 30 Min. Backen
1 Std. Kühlen
Pro Stück ca. 310 kcal, 7 g EW, 15 g F, 36 g KH

1 Die Butter schmelzen und 5 Min. im Kühlschrank abkühlen lassen. Die Form fetten und mit Mehl ausstreuen. Den Backofen auf 180° vorheizen. Die Eier mit Zucker, Vanillezucker, Salz und 3 EL heißem Wasser mit dem Handrührgerät schaumig schlagen. Das Mehl mit Backpulver mischen und mit dem Schneebesen unter den Teig heben. Die Butter langsam zugeben und unterheben. Den Teig in die Form füllen und im heißen Ofen (Mitte, Umluft 160°) ca. 30 Min. backen, auskühlen lassen.

2 Den Boden aus der Form lösen und einmal waagerecht teilen (vgl. S. 43). 2 EL Fruchtaufstrich auf der unteren Hälfte verstreichen und mit der oberen Hälfte bedecken.

3 Für die Füllung 120 g Fruchtaufstrich, Quark, Joghurt und Sahne mit dem Handrührgerät verrühren. Die Instant-Gelatine nach Packungsanweisung unterrühren. Zucker und Vanillezucker einrieseln lassen und unterrühren.

4 Einen Tortenring um den Boden stellen. Die Füllung auf die Torte geben und glatt streichen. Den restlichen Fruchtaufstrich teelöffelweise auf die Füllung geben und mit einer Gabel ein kreisförmiges Muster ziehen. Die Torte vor dem Anschneiden mindestens 1 Std. in den Kühlschrank stellen.

GUT ZU WISSEN
Der Boden für diese Torte besteht aus sogenanntem »Wiener Biskuit«. Das ist ein Biskuitteig, der neben den üblichen Biskuitzutaten auch Butter enthält. Er ist etwas fester, bleibt aber dafür länger saftig und frisch. Sie können diesen Boden auch prima als Obstkuchenboden verwenden.

DEKOTIPP
Noch festlicher wird die Torte, wenn Sie von einer Bio-Orange mit einem Zestenreißer feine Streifen abziehen und die Torte damit zusätzlich dekorieren.

herzhaft & knusprig

Auch Brot, Brötchen und pikantes Gebäck wird bei uns express gebacken. Unser Fünf-Minuten-Brot ist hier natürlich der Renner, denn es ist schnell gerührt und schmeckt obendrein auch urgesund dank Dinkel-Vollkornmehl und Saaten.

Fünf-Minuten-Brot

600 g Dinkel- oder Weizen-Vollkornmehl
60 g Sonnenblumenkerne
60 g Sesamsamen
60 g Leinsamen
2 TL Salz
1 Päckchen Trockenbackhefe (für 500 g Mehl)
2½ EL Obstessig
Fett und Mehl für die Form

Für 1 Kastenform von 30 cm Länge (20 Stück)
⏲ 5 Min. Zubereitung | 60 Min. Backen
Pro Stück ca. 155 kcal, 6 g EW, 5 g F, 21 g KH

1 Dinkel-Vollkornmehl, Sonnenblumenkerne, Sesam, Leinsamen, Salz und Trockenbackhefe in einer Schüssel vermischen. Ca. 600 ml handwarmes Wasser und Obstessig mit einem Löffel kurz unterrühren, bis ein zäher Teig entstanden ist.

2 Die Form fetten und mit Mehl ausstreuen. Den Teig in die Form geben. Nicht gehen lassen! Das Brot in den kalten Backofen stellen. Den Ofen auf 200° einstellen und das Brot im Ofen bei Ober- und Unterhitze (Mitte) ca. 60 Min. backen.

VARIANTE: WALNUSSBROT
Ersetzen Sie die Saaten durch 100 g grob gehackte Walnusskerne.

UND DAZU: OLIVENBUTTER
100 g Butter, 100 g Frischkäse, 3 EL Tomatenmark und 1 TL ital. Kräuter mit einer Gabel zerdrücken. 80 g Oliven (schwarz oder grün) entsteinen, grob hacken und unterrühren und das Ganze mit Salz und Pfeffer abschmecken.

zu neuem oder altem Wein

Zwiebelkuchen

Das spart Zeit (und Tränen): Nehmen Sie große Gemüsezwiebeln. Die lassen sich viel schneller schälen und schneiden als kleine.

Für den Belag

3 Gemüsezwiebeln

2 EL Öl

100 g rohe Schinkenwürfel (Kühlregal)

200 g Schmant

Salz | Pfeffer

1 TL Aceto balsamico

Für den Teig

150 g Magerquark

6 EL Öl

1 Ei

½ TL Salz

300 g Mehl

2 TL Backpulver

Fett für das Blech

Für 1 Backblech (6 Stück)

◎ 25 Min. Zubereitung | 20 Min. Backen

Pro Stück ca. 445 kcal, 11 g EW, 27 g F, 39 g KH

1 Für den Belag die Zwiebeln schälen, halbieren und in Scheiben schneiden. Das Öl in einer Pfanne erhitzen. Die Zwiebeln mit den Schinkenwürfeln in die Pfanne geben. Kurz bei großer Hitze anbraten, dann das Gemüse zugedeckt bei mittlerer Hitze ca. 15 Min. gar dünsten.

2 Inzwischen für den Quarkölteig Quark, Öl, Ei und Salz mit den Knethaken des Handrührgerät verrühren. Das Mehl mit dem Backpulver mischen und dazugeben. Das Ganze zunächst auf kleiner, dann kurz auf hoher Stufe zu einem glatten Teig verkne-

ten. Den Backofen auf 200° vorheizen. Ein Backblech fetten. Den Teig mit dem Teigroller auf dem Blech ausrollen.

3 Den Schmant in die Pfanne zu den Zwiebeln geben. Mit Salz, Pfeffer und Aceto balsamico abschmecken. Den Belag auf dem Teig verteilen und den Zwiebelkuchen im Ofen (Mitte, Umluft 180°) ca. 20 Min. backen.

VARIANTE: LAUCHKUCHEN MIT ANANAS

2 Stangen Lauch putzen, waschen und in Ringe schneiden. In einer Pfanne 2 EL Öl erhitzen, den Lauch dazugeben und kurz anbraten. 100 ml Wasser angießen, die Pfanne schließen und das Gemüse ca. 10 Min. gar dünsten. Den Quarkölteig wie oben zubereiten und ausrollen. Eine Dose Ananasstücke (240 g) abgießen und die Fruchtstücke zum Lauch geben. 200 g Schmant einrühren. Das Gemüse mit Curry, Salz und Pfeffer abschmecken, auf dem Teig verteilen und mit 100 g geriebenem Gouda bestreuen. Bei 200° ca. 20 Min. backen.

ganz einfach

Morgenmantel-Brötchen

Abends geknetet – morgens gebacken: Unser Express-Hefeteig mit Buttermilch geht über Nacht ganz langsam an einem kühlen Ort auf.

500 g Mehl | 1 Päckchen Trockenbackhefe (für 500 g Mehl) | 1 TL Salz | 300 ml Buttermilch | Milch zum Bestreichen

Für 10 Stück
🕐 10 Min. Zubereitung | 30 Min. Backen
Pro Stück ca. 180 kcal, 7 g EW, 1 g F, 37 g KH

1 Am Vorabend die Teiglinge zubereiten. Dafür das Mehl mit der Trockenbackhefe und dem Salz mischen. Die Buttermilch handwarm erwärmen und dazugeben. Das Ganze mit den Knethaken des Handrührgeräts oder mit den Händen zu einem geschmeidigen Teig verkneten, bis er beim Kneten Blasen wirft.

2 Aus dem Teig eine Rolle formen und ca. 10 Brötchen abschneiden, formen und auf ein mit Backpapier oder Dauerbackfolie ausgelegtes Blech setzen.

Die Teiglinge mit einem feuchten Küchentuch abdecken und über Nacht kühl stellen.

3 Am nächsten Morgen die Brötchen mit Milch bestreichen und in den kalten Backofen schieben. Den Ofen auf 200° einstellen und die Brötchen (Mitte, Umluft 180°) ca. 30 Min. backen.

VARIANTE
Die Brötchen vor dem Backen mit Sesam, Mohn, Sonnenblumenkernen oder Kürbiskernen bestreuen.

GUT ZU WISSEN
Hefeteig geht auch bei kühlen Temperaturen auf – er braucht dann mehr Zeit und wird feinporiger.

schmeckt warm und kalt

Käse-Brot

350 g Mehl | 2 TL Backpulver | ½ TL Salz |
250 g geriebener Emmentaler | 50 g Röstzwie-
beln (Fertigprodukt) | 1 Msp. geriebene Muskat-
nuss | Pfeffer | 350 ml kohlensäurehaltiges Mine-
ralwasser | Fett für die Form

Für 1 Kastenform von 30 cm Länge (15 Stück)
🕐 5 Min. Zubereitung | 35 Min. Backen
Pro Stück ca. 150 kcal, 8 g EW, 6 g F, 18 g KH

1 Die Kastenform fetten. Den Backofen auf 200°
vorheizen. Mehl, Backpulver, Salz, Käse, Röstzwie-
beln, Gewürze und Mineralwasser in eine Schüssel
geben und mit einem Löffel verrühren.

2 Den Teig in die vorbereitete Form geben und
glatt streichen. Das Käsebrot im heißen Ofen (Mitte, Umluft 180°) ca. 35 Min. backen.

pikant

Mais-Taler

150 g Gruyère-Käse | 250 g Maismehl | ½ TL Salz |
½ TL Paprikapulver | 1 Ei | 100 g weiche Butter |
1 Eigelb | 2 Tomaten | 2 EL Sesamsamen | Mehl
zum Ausrollen

Für 25 Stück
🕐 20 Min. Zubereitung | 12 Min. Backen
Pro Stück ca. 100 kcal, 3 g EW, 6 g F, 7 g KH

1 Den Käse reiben und mit Maismehl, Salz und
Paprika mischen. Fi und Butter dazugeben und mit
den Händen zu einem glatten Teig verkneten. Den
Ofen auf 200° vorheizen.

2 Den Teig auf einer bemehlten Fläche ca. 0,5 cm
dick ausrollen. Mit einem Glas Kreise von 6 cm ⌀
ausstechen und auf ein mit Backpapier belegtes
Blech setzen. Eigelb verrühren und die Taler damit
bestreichen. Die Tomaten in Scheiben schneiden.
Die Hälfte der Taler mit Sesam bestreuen, die andere Hälfte mit je einer Tomatenscheibe belegen. Im
Ofen ca. 12 Min. backen (Mitte, Umluft 180°).

Partyhit

Grüne Brötchen

Außerhalb der Bärlauchsaison kann man diese Brötchen auch mit Bärlauch-paste aus dem Glas zubereiten.

1 Bund Bärlauch (40 g)
2 EL Öl
500 g Mehl
1 Päckchen Trockenbackhefe (für 500 g Mehl)
1 TL Salz

Für 20 Stück
🕐 15 Min. Zubereitung | 10 Min. Ruhen
30 Min. Backen
Pro Stück ca. 95 kcal, 3 g EW, 1 g F, 18 g KH

1 Den Bärlauch waschen, klein schneiden und mit Öl und 3 EL Wasser pürieren. Mehl, Trockenbackhefe und Salz vermischen und mit 250 ml handwarmem Wasser und der Bärlauchmischung mit den Knethaken des Handrührgeräts auf niedriger Stufe oder mit den Händen kneten, bis der Teig Blasen wirft. Abgedeckt an einem warmen Ort 10 Min. ruhen lassen.

2 Auf einer bemehlten Fläche zwei Rollen formen und 20 kleine Brötchen abschneiden und formen. Diese auf ein mit Backpapier oder Dauerbackfolie ausgelegtes Blech legen und in den kalten Backofen schieben. Den Ofen auf 175° einschalten und die Brötchen ca. 30 Min. (Mitte, Umluft 160°) backen.

VARIANTE MIT ZWIEBEL
Wenn Sie zusätzlich eine klein geschnittene Zwiebel in den Teig geben, wird der Bärlauchgeschmack intensiver.

mediterran

Pikante Muffins

Herzhafte Muffins sind genauso schnell und unkompliziert gebacken wie ihre süßen Verwandten.

50 g getrocknete, in Öl eingelegte Tomaten
50 g schwarze Oliven ohne Stein
50 g Parmesan
3 Eier
80 ml Olivenöl
150 ml kohlensäurehaltiges Mineralwasser
1 TL ital. Kräuter (getrocknet oder TK)
1 TL Salz
Pfeffer
250 g Mehl
2 TL Backpulver
12 Papier-Backförmchen

Für 1 Muffinsblech (12 Stück)
🕐 20 Min. Zubereitung | 20–25 Min. Backen
Pro Stück ca. 180 kcal, 6 g EW, 10 g F, 17 g KH

1 Die Tomaten in Streifen, die Oliven in Scheiben schneiden. Den Parmesan reiben. Die Papierförmchen in die Vertiefungen des Muffinsblechs geben.

2 Eier, Öl, Mineralwasser, Kräuter, Salz und Pfeffer mit dem Handrührgerat verrühren. Den Backofen auf 180° vorheizen. Das Mehl mit dem Backpulver und dem Parmesan vermischen und kurz unter die Eier-Öl-Masse rühren. Die Tomaten und Oliven ebenfalls unterrühren.

3 Den Teig mit zwei Esslöffeln in die Förmchen geben. Die Muffins im heißen Ofen (Mitte, Umluft 180°) 20–25 Min. backen.

oben: Grüne Brötchen | unten: Pikante Muffins

Spinatpastete (Spanakopita)

Yufka-Teig ist in verschiedenen Größen und Formen erhältlich. Am einfachsten in der Handhabung sind kleinere Teigblätter, zum Beispiel in dreieckiger Form.

450 g gehackter TK-Spinat | 50 g Butter | 300 g Schafkäse (Feta) | 200 g Schmant | 2 Eier | 1 Knoblauchzehe | Salz | Pfeffer | 350 g Yufka-Teig (türkischer Lebensmittelladen) | Fett für das Blech

Für 1 Backblech (6 Stück)
🕐 25 Min. Zubereitung | 40 Min. Backen
Pro Stück ca. 535 kcal, 15 g EW, 42 g F, 26 g KH

1 Den Spinat mit etwa 100 ml Wasser in einen Kochtopf geben und bei mittlerer Hitze 5 Min. auftauen. Die Butter schmelzen. Den Schafkäse mit einer Gabel zerdrücken und mit dem Spinat mischen. Für den Guss Schmant und Eier in einen Rührbecher geben. Die Knoblauchzehe schälen und dazu pressen. Alles miteinander verrühren und mit Salz und Pfeffer kräftig abschmecken.

2 Das Backblech fetten. Den Backofen auf 200° vorheizen. Etwa zwei Drittel der Yufka-Teigblätter überlappend und am Rand überstehend auf dem Blech verteilen. Dabei jedes Blatt mit flüssiger Butter bestreichen. Die Spinat-Schafkäse-Mischung auf den Teig streichen. Den Guss darübergeben. Die restlichen Teigblätter buttern und auf der Füllung verteilen, überstehende Teigblätter einschlagen. Die Pastete im heißen Ofen (Mitte, Umluft 180°) ca. 40 Min. goldbraun backen.

KÜCHENTECHNIK-TIPP

Yufka-Teig besteht nur aus Mehl, Wasser und Salz, trocknet deshalb schnell aus und wird leicht brüchig. Um ihn geschmeidig zu halten, nehmen Sie ihn aus der Verpackung und pinseln ihn großzügig mit geschmolzener Butter ein.

fürs Büfett

Gorgonzola-Taschen

1 Paket TK-Blätterteig (6 Platten, 450 g) |
250 g Gorgonzola | 2 Birnen | 120 g Preisel-
beeren (aus dem Glas)

Für 12 Stück
🕐 15 Min. Zubereitung | 20 Min. Backen
Pro Stück ca. 255 kcal, 6 g EW, 17 g F, 20 g KH

1 Die Blätterteigplatten aus der Packung nehmen
und 10 Min. auftauen lassen. Inzwischen ein Backblech mit Backpapier oder Dauerbackfolie auslegen.
Den Gorgonzola in 12 Stücke teilen. Die Birnen schälen, achteln, dabei das Kerngehäuse entfernen. Den
Backofen auf 200° vorheizen. Die rechteckigen Blätterteigplatten zu Quadraten halbieren. Jedes Stück
auf eine Größe von 15 x 15 cm ausrollen und in die
Mitte jeweils ein Stück Käse, 1–2 Stücke Birne und
1 Teelöffel Preiselbeeren legen. Die Ecken zur Mitte
schlagen, sodass sie sich treffen, und die Taschen
aufs Backblech setzen. Im heißen Ofen (Mitte, Umluft 180°) ca. 20 Min. backen und warm servieren.

zum Knabbern

Yufka-Stangen

60 g Butter | 30 g Parmesan | 350 g dreieckige
Yufka-Teigblätter (oder 4 runde Teigblätter,
geviertelt) | 120 g Pesto (aus dem Glas)

Für 16 Stück
🕐 20 Min. Zubereitung | 15 Min. Backen
Pro Stück ca. 160 kcal, 3 g EW, 13 g F, 8 g KH

1 Ein Backblech mit Backpapier oder Dauerbackfolie auslegen. Die Butter schmelzen. Den Parmesan reiben. Den Backofen auf 225° vorheizen. Die
Teigblätter vorsichtig voneinander lösen und mit
der Spitze nach oben auf die Arbeitsfläche legen.

2 Die Teigblätter mit Butter bepinseln. Jeweils
einen Teelöffel Pesto und geriebenen Parmesan auf
die breite Seite der Teigblätter geben, verstreichen
und die Teigblätter von der breiten Seite zur Spitze
hin aufrollen. Auf das Backblech legen, mit Butter
bestreichen und im heißen Ofen (Mitte, Umluft
200°) ca. 15 Min. backen.

blitzschnell

Tomaten-Quiche

1 Rolle Blätterteig aus dem Kühlregal (275 g)
2–3 TL Dijon-Senf
500 g Kirschtomaten
2 TL italienische oder Kräuter der Provence
Salz | Pfeffer
80 g Gruyère-Käse

Für 1 Backblech (6 Stück)
⏲ 15 Min. Zubereitung | 20 Min. Backen
Pro Stück ca. 250 kcal, 7 g EW, 17 g F, 19 g KH

1 Den Backofen auf 200° vorheizen. Den Blätter-teig mit dem Trennpapier (nach unten) auf ein Backblech legen und auf die ganze Größe des Blechs ausrollen (das Trennpapier ist gleichzeitig Backpapier).

2 Den Senf auf den Teig streichen. Die Tomaten waschen, halbieren und mit der Schnittfläche nach oben darauf verteilen. Kräuter, Salz und Pfeffer da-rüberstreuen. Den Käse reiben und auf der Quiche verteilen. Die Quiche im heißen Ofen (Mitte, Um-luft 180°) ca. 20 Min. goldbraun backen.

VARIANTE: ZUCCHINI-QUICHE
Statt mit Tomaten schmeckt diese Quiche auch mit Zuc-chinischeiben. Diese vorher kurz in Olivenöl andünsten.

AUSTAUSCH-TIPP
Wer keinen Dijon-Senf mag, streut stattdessen zusätz-lich 1 TL Kräuter auf den ausgerollten Teig.

vegetarisch

Gemüse-Pizza

Für den Belag
2 EL Öl
400 g TK-Gemüse »italienische Art«
450 g passierte Tomaten (Tetrapak)
Salz | Pfeffer
3 TL italienische Kräuter
200 g Gouda
Für den Teig
150 g Magerquark
6 EL Öl | 1 Ei
½ TL Salz | 300 g Mehl
½ Päckchen Backpulver

Für 1 Backblech (6 Stück)
⏲ 20 Min. Zubereitung | 20 Min. Backen
Pro Stück ca. 505 kcal, 19 g EW, 28 g F, 43 g KH

1 Das Öl in der Pfanne erhitzen und die Gemüse-mischung (samt Gewürzwürfel) dazugeben. Die Pfanne schließen und das Gemüse auf kleiner Flamme 10 Min. auftauen lassen. Die passierten Tomaten dazugeben. Das Gemüse mit Salz, Pfeffer und den Kräutern würzen. Den Gouda reiben.

2 Für den Teig Quark, Öl, Ei und Salz mit den Knet-haken des Handrührgeräts verrühren. Das Mehl mit Backpulver mischen und zugeben. Das Ganze mit den Knethaken zu einem glatten Teig verkneten.

3 Den Backofen auf 200° vorheizen. Ein Backblech fetten. Den Teig mit dem Teigroller auf dem Blech ausrollen, das Gemüse darauf verteilen und den Käse darüberstreuen. Die Pizza im heißen Ofen (Mitte, Umluft 180°) ca. 20 Min. backen.

oben: Tomaten-Quiche | unten: Gemüse-Pizza

Zum Gebrauch
Damit Sie Rezepte mit bestimmten Zutaten noch schneller finden können, stehen in diesem Register zusätzlich auch beliebte Zutaten wie **Mandeln** oder **Schmant** – ebenfalls alphabetisch geordnet und **hervorgehoben** – über den entsprechenden Rezepten.

Unsere Garantie

Alle Informationen in diesem Ratgeber sind sorgfältig und gewissenhaft geprüft. Sollte dennoch einmal ein Fehler enthalten sein, schicken Sie uns das Buch mit dem entsprechenden Hinweis an unseren Leserservice zurück. Wir tauschen Ihnen den GU-Ratgeber gegen einen anderen zum gleichen oder ähnlichen Thema um.

Liebe Leserin und lieber Leser,

wir freuen uns, dass Sie sich für ein GU-Buch entschieden haben. Mit Ihrem Kauf setzen Sie auf die Qualität, Kompetenz und Aktualität unserer Ratgeber. Dafür sagen wir Danke! Wir wollen als führender Ratgeberverlag noch besser werden. Daher ist uns Ihre Meinung wichtig. Bitte senden Sie uns Ihre Anregungen, Ihre Kritik oder Ihr Lob zu unseren Büchern. Haben Sie Fragen oder benötigen Sie weiteren Rat zum Thema? Wir freuen uns auf Ihre Nachricht!

Wir sind für Sie da!
Montag –Donnerstag: 8.00 –18.00 Uhr;
Freitag: 8.00 –16.00 Uhr *(0,14 €/Min. aus dem dt. Festnetz/Mobilfunkpreise max. 0,42 €/Min.)
Tel.: 0180 - 5 00 50 54*
Fax: 0180 - 5 01 20 54*
E-Mail:
leserservice@graefe-und-unzer.de

P.S.: Wollen Sie noch mehr Aktuelles von GU wissen, dann abonnieren Sie doch unseren kostenlosen GU-Online-Newsletter und/oder unsere kosten-losen Kundenmagazine.

GRÄFE UND UNZER VERLAG
Leserservice
Postfach 86 03 13
81630 München

© 2009
GRÄFE UND UNZER VERLAG GmbH, München

Projektleitung: Tanja Dusy
Lektorat: Petra Puster
Layout, Typografie und Umschlaggestaltung: independent Medien-Design, Horst Moser, München
Satz: Liebl Satz+Grafik, Emmering
Herstellung: Petra Roth
Reproduktion:
Wahl Media GmbH
Druck: Firmengruppe APPL, aprinta druck, Wemding
Bindung: Firmengruppe APPL, sellier druck, Freising
Syndication:
www.jalag-syndication.de

ISBN 978-3-8338-1431-0

3. Auflage 2010

Danke!

Ein besonderes Dankeschön geht an die AURORA Mühlen GmbH, www.aurora-mehl.de, für die Bereitstellung ihrer Produkte für dieses Buch.

GRÄFE
UND
UNZER

Ein Unternehmen der
GANSKE VERLAGSGRUPPE

Die Autorinnen

Martina Kiel ist Diplom-Ökotrophologin. Sie initiiert Projekte für eine umweltverträgliche Landwirtschaft und gründete den ökologischen Bauernmarkt in Münster. Bei ihren Freunden ist sie als leidenschaftliche Bäckerin bekannt.

Karola Wiedemann ist Diplom-Haushaltsökonomin und hat als Redakteurin lange Jahre Rezept-, Garten-, Gesundheits- und Familienseiten bei Zeitschriften betreut. Heute arbeitet sie im eigenen Redaktionsbüro für Zeitschriften, Verlage und Verbände.

Der Fotograf

Jörn Rynio zählt zu seinen Auftraggebern internationale Zeitschriften, namhafte Buchverlage und Werbeagenturen. Mit einer großen Portion Kreativität und appetitanregendem Styling setzt der Hamburger Fotograf Food-Spezialitäten stimmungsvoll in Szene. Tatkräftig unterstützt wird er von seinen Stylistinnen Petra Speckmann (Food) und Michaela Suchy (Requisite).

Bildnachweis

Titelfoto und alle anderen: Jörn Rynio, Hamburg.

Titelbildrezept

Auf dem Titelbild sehen Sie die Mangorolle (Variante) von Seite 27.

Die Temperaturangaben bei Gasherden variieren von Hersteller zu Hersteller. Welche Stufe Ihres Herdes der jeweils angegebenen Temperatur entspricht, entnehmen Sie bitte der Gebrauchsanweisung. Bei Elektroherden können die Backzeiten je nach Herd variieren. Bei Kuchen empfiehlt sich immer die Stäbchenprobe.

Kochlust pur

Die neuen KüchenRatgeber – da steckt mehr drin

Fondues

ISBN 978-3-8338-0307-9
64 Seiten

Becherkuchen

ISBN 978-3-8338-0675-9
64 Seiten

Pfannkuchen & Crêpes

ISBN 978-3-8338-1430-3
64 Seiten

Muffins

ISBN 978-3-8338-0313-0
64 Seiten

Niedrig-temperaturgaren

ISBN 978-3-8338-0996-5
64 Seiten

Waffeln

ISBN 978-3-8338-0319-2
64 Seiten

Änderungen und Irrtum vorbehalten

Das macht sie so besonders:

- Neue mmmh-Rezepte – unsere beste Auswahl für Sie
- Praktische Klappen – alle Infos auf einen Blick
- Die 10 GU-Erfolgstipps – so gelingt es garantiert

Willkommen im Leben.

Heiße Getränke für Groß und Klein

Omas Bohnenkaffee mit Dosenmilch ist out. Angesagt ist die ganze Palette italienischer Kaffeespezialitäten von Espresso bis Latte Macchiato. Hierfür brauchen Sie keine vollautomatische Espressomaschine – eine Espressokanne für den Herd aus Aluminium oder Edelstahl und ein Miniquirl zum Milchaufschäumen reichen für den schaumigen Kaffeegenuss.

Latte macchiato Die »gefleckte Milch« – so lautet die wörtliche Übersetzung des Longdrinks unter den Kaffeespezialitäten – wird in einem hohen Glas serviert und besteht aus drei Schichten: unten heiße Milch, in der Mitte Espresso und oben der Milchschaum. Um diese klare Trennung zu bekommen, muss der Espresso heißer sein als die Milch. Bereiten Sie pro Glas 1 Portion Espresso zu und erwärmen Sie 150 ml Milch. Die Milch aufschäumen und in ein Glas geben. Dann den Espresso langsam durch den Schaum gießen. Das fertige Getränk nach Belieben mit Kakaopulver bestäuben.

Aufgeschäumter Kakao Wenn bei uns für die Erwachsenen der Kaffee gekocht wird, verlangen die Kinder nach »Kinder-Cappuccino«. Für diese heiße Schokolade rühren Sie pro Portion 1 TL Kakaopulver und 2 TL Zucker mit etwas Milch glatt. Erwärmen Sie 200 ml Milch, geben den angerührten Kakao dazu und schäumen Sie das Getränk auf. Kakaopulver oder Raspelschokolade werden zur Deko aufgestreut. Mit einem Hauch Zimt bekommt der Kakao eine würzige Note.

Rooibos-Teepunsch Besonders in der kalten Jahreszeit kommt ein alkohol- und koffeinfreier Teepunsch immer gut an. Mischen Sie ½ Liter Apfelsaft mit ½ l Wasser und kochen Sie das Ganze mit ½ Zimtstange und 2–3 Nelken auf. Sobald die Flüssigkeit kocht, geben Sie 2 Aufgussbeutel Rooibos-Vanille-Tee dazu, nehmen den Topf vom Herd und lassen das Ganze noch 10 Min. im geschlossenen Topf ziehen. Anschließend Gewürze und Aufgussbeutel entfernen und servieren.